PSYCHE',

TRAGEDIE

REPRESENTE'E

PAR L'ACADEMIE ROYALE DE MUSIQUE,

Pour la premiere fois, le 19. Avril 1678.

Remise au Theatre le 8. Juin 1703.

A PARIS,

Chez CHRISTOPHE BALLARD, seul Imprimeur du Roy pour la Musique, ruë S. Jean de Beauvais, au Mont-Parnasse.

M. DCC III.

Avec Privilege de Sa Majesté.

LE PRIX EST DE TRENTE SOLS.

L'ACADEMIE ROYALE DE MUSIQUE, AU ROY.

GRAND ROY, quand l'univers apprend avec surprise,
Qu'à tes ordres par tout la victoire est surprise,
Que, sur les bords tremblants du Rhin & de l'Escaut,
Les Forts les mieux munis, ne coûtent qu'un assaut;
On a lieu de penser que la France occupée,
A s'étendre plus loin par le droit de l'épée,
Pour cueillir les lauriers, dûs à tes grands exploits,
Neglige des beaux arts les paisibles emplois.

Mais quand on voit d'ailleurs que les plaisirs tranquilles
Regnent avec éclat au milieu de nos villes,
Pendant ces doux loisirs, qui n'aſsûreroit pas
Que la France ne peut accroître ses états?
Il eſt vray cependant que malgré ses conquêtes,
Elle ſuffit encor à preparer des fêtes;
Il eſt vray que malgré mille plaiſirs offerts,
Elle ſuffit encor à dompter l'univers.
Il ſemble que de Mars les rudes exercices
Ne ſont qu'un jeu pour nous ſous tes heureux auſpices,
Et que vaincre, où tu fais voler tes étendards,
C'eſt la ſuite des ſoins que tu prends des beaux arts.
Gand, ce ſuperbe Gand, qui donna la naiſſance
Au plus fier Ennemy qu'ait jamais eû la France,
Ce redoutable Gand, qui pour être aſſiegé,
Demande un peuple entier ſur ſes foſſez rangé,
T'a ſoûmis ſon orgueil au moment que l'Eſpagne,
Sûre de ce côté, trembloit pour l'Allemagne.
Ypres te voit paroître, il reconnoît tes loix,
Et rien ne ſe refuſe à l'Empire François.
Quel trouble pour l'Europe, & combien d'épouvante
Jette dans tous les cœurs ta valeur triomphante!
Ces Peuples contre nous, ardents à ſe liguer,
Attendent le moment qui les va ſubjuguer.
Nous ſeuls goûtons la paix que tes exploits nous donnent,
Et tandis qu'en tous lieux les trompettes réſonnent;
Que leur bruit menaçant fait retentir les airs,
Paris ne les entend que dans nos ſeuls concerts.

PERSONNAGES DU PROLOGUE.

ENUS. Mademoiſelle Maupin.

L'AMOUR.

CHOEUR des Divinitez de la Terre & des Eaux.

Noms des Actrices & des Acteurs, chantants dans tous les Chœurs du Prologue & de la Tragedie.

MESDEMOISELLES.

Cenet.	D'Humé.	Bataille.	Vincent.
Baſſet.	Clement la cad.	Cochereau.	Secret.
Dupéray.	Loignon.	Dujardin.	

MESSIEURS.

Le Jeune.	Solé.	Labé.	Bertrand.
Prunier.	La Coſte.	Deſvoix.	Lebel.
Frere.	Cadot.	Le Brun.	Drot.
Courteil.	Marianval.	Mantienne.	Guerard.
Pellefrene.			

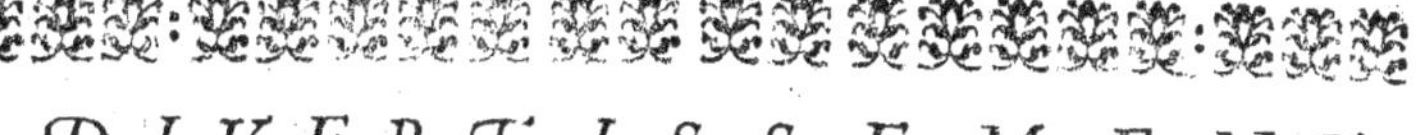

DIVERTISSEMENT du Prologue.

FLORE.

Mademoiſelle Sallé.

SUITE DE FLORE.

Mademoiſelle Sublìgny.
Meſdemoiſelles Dangeville, Roſe, Guillet, Laferriere.

VERTUMNE.

Monſieur Le Bel.

SUITE DE VERTUMNE.

Monſieur Dumoulin cadet.
Meſſieurs Germain, Bouteville Dumoulin l'aîné, Dumiraille.

PALEMON.

Monſieur Deſvoys.

SUITE DE PALEMON.

Meſſieurs Dangeville, Brinqueman, Javilliers, Roſe.

PROLOGUE.

Le Théatre represente une Cour magnifique au bord de la Mer.

FLORE paroît au milieu du Théatre, suivie de ses NYMPHES, & accompagnée de VERTUMNE Dieu des Arbres & des Fruits, & de PALEMON Dieu des Eaux; Chacun de ces Dieux conduit une Troupe de Divinitez. L'un meine à sa suite des Driades & des Silvains, & l'autre des Dieux des Fleuves & des Naïades. FLORE chante ce recit pour inviter VENUS à descendre sur terre.

FLORE.

CE n'est plus le temps de la guerre,
Le plus puissant des Rois
Interrompt ses exploits,
Pour donner la paix à la terre.
Descendez, Mere des Amours,
Venez nous donner de beaux jours.

CHOEUR des Divinitez de la Terre & des Eaux.

Nous goûtons une paix profonde ;
Les plus doux jeux sont icy bas ;
On doit ce repos plein d'appas
Au plus grand Roy du monde.
Descendez, Mere des Amours,
Venez nous donner de beaux jours.

Danse de Driades, de Silvains, de Dieux de Fleuves, & de Nayades.

VERTUMNE.

Rendez-vous, Beautez cruelles,
Soûpirez à vôtre tour.

PALEMON.

Voicy la Reine des Belles
Qui vient inspirer l'amour.

VERTUMNE.

Un bel Objet toûjours severe
Ne se fait jamais bien aimer.

PALEMON.

C'est la beauté qui commence de plaire
Mais la douceur acheve de charmer.

ENSEMBLE.

C'est la beauté qui commence de plaire
Mais la douceur acheve de charmer.

Les Divinitez qui suivent VERTUMNE & PALEMON, mêlent leurs danses au chant de FLORE.

FLORE.

FLORE.

Est-on ſage,
Dans le bel âge,
Est-on ſage
De n'aimer pas?
Que ſans ceſſe
L'on ſe preſſe
De goûter les plaiſirs icy bas;
La ſageſſe
De la jeuneſſe,
C'est de ſçavoir joüir de ſes appas.

L'Amour charme
Ceux qu'il deſarme,
L'Amour charme,
Cédons luy tous.
Nôtre peine
Seroit vaine,
De vouloir reſiſter à ſes coups;
Quelque chaîne
Qu'un Amant prenne,
La liberté n'a rien qui ſoit ſi doux.

VENUS deſcend dans une grande machine de nuages, au travers de laquelle on découvre ſon Palais. Les Divinitez de la Terre & des Eaux recommencent de joindre leurs voix, & continüent leurs danſes.

CHOEUR.

Nous goûtons une paix profonde ;
Les plus doux jeux sont icy bas ;
On doit ce repos plein d'appas
Au plus grand Roy du monde.
Descendez, Mere des Amours,
Venez nous donner de beaux jours.

VENUS.

Pourquoy du Ciel m'obliger à descendre ?
Mon merite en ces lieux n'a plus rien à pretendre,
En vain vous m'y rendez ces honneurs solemnels
Le mépris est mon seul partage,
Et depuis qu'à Psyché les aveugles Mortels
De leurs vœux adressent l'hommage,
Venus demeure sans autels.
Dans une si honteuse offense,
Laissez-moy, sans témoins, resoudre ma vangeance.

FLORE, & les autres Dieux se retirent, & l'AMOUR descend dans un nuage.

VENUS à l'AMOUR.

Mon Fils, si tu plains mes malheurs,
Fay-moy voir que tu m'és fidele.
Tu sçais combien Psyché me dérobe d'honneurs,
Elle est mon ennemie, il faut me vanger d'elle.

Pour ſervir mon juſte couroux,
Pren de tes traits le plus à craindre,
Un trait qui la puiſſe contraindre
De ſe donner au plus indigne Epoux,
Dont jamais une Belle ait eû lieu de ſe plaindre.
Cour, vole, & par de prompts effets,
Montre que tu pren part aux affronts qu'on m'a faits.

L'AMOUR s'envole, & la grande machine enleve VENUS ſur le ceintre, pendant que le Palais diſparoît.

FIN DU PROLOGUE.

ACTEURS
DE LA TRAGEDIE.

UPITER,	Monſieur Hardoüin.
VENUS,	Mademoiſelle Maupin.
L'AMOUR,	Monſieur Cochereau.
MERCURE,	Monſieur Choplet.
ZEPHIRE,	Monſieur Choplet.
LE ROY, *Pere de Pſyché,*	Monſieur Thevenard.
PSYCHE',	Mademoiſelle Deſmâtins.
AGLAURE,	Mademoiſelle Loignon.
CIDIPPE, *Sœur de Pſyché,*	Mademoiſelle Salé.
LYCHAS,	Monſieur Hardoüin.
LE DIEU d'UN FLEUVE,	Monſieur Drot.

Une NYMPHE, *& l'*AMOUR, *qui parlent cachez,*
Meſdemoiſelles Dupeyré & du May.

Deux NYMPHES *de l'*ACHERON, Meſd. Dupeyré & Loignon.

Les trois FURIES, Meſſieurs Deſvoix, Lebel & Bertrand.

DIVERTISSEMENTS DE LA TRAGEDIE.

PREMIER ACTE.

POMPE FUNEBRE.

FEMMES *desolées.* Mademoiselle Maupin.
Mesdemoiselles Dangeville, Rose, Desmâtins.
HOMMES *desolez.* Messieurs Dun & Boutelou.
Messieurs Ferrand, Levesque, Dumirail.

FLûTES.

Messieurs Colin Hottere, Loüis Hottere, de la Barre, Bernier, Liottar, Rousselet.

DEUXIE'ME ACTE.

VULCAIN. Monsieur Desvoys.

FORGERONS

Mrs Germain, Bouteville, Dumoulin l'aîné, Dumoulin c. Blondy, Ferrand, Dumirail, Levesque.

*Divertissements de l'*AMOUR.

LA JEUNESSE. Mademoiselle Vincent.

Compagnes de la JEUNESSE.

Mesdemoiselles Loignon, Bataille.

Suite de la JEUNESSE

Mesdemoiselles Laferriere, Guillet, Provost.

Quatre AMOURS.

Messieurs Dupré, Pierret, Laporte, Gillet, Saligny.

Quatre ZEPHIRS.

Mrs Dangeville C. Brinqueman, Lavigne, Aubert.

QUATRIE'ME ACTE.

DEMONS.

Monſieur Blondy,
Mrs Bouteville, Germain, Ferrand, Dumoulin l'aîné, Dangeville l'aîné, Levêque, Fauveau, Dumay.

CINQUIE'ME ACTE.

APOLLON, Monſieur Boutelou.
DEUX MUSES, Meſdemoiſelles Loignon, Bataille.

*Suite d'*APOLLON.

Meſſieurs Bouteville, Germain, Dumoulin l'aîné.
Meſdemoiſelles Dangeville, Roſe, Deſmâtins.

BACHUS, Monſieur Labé.

Suite de BACHUS.

FAUNES, Mrs Dangeville l. Brinqueman, Roſe, Javilliers.
DEUX BACHANTES, Meſdemoiſelles Provôt, Saligny.
MOMUS, Monſieur Dun.

Suite de MOMUS.

ARLEQUINS, Monſieur Dumoulin cadet.
Meſſieurs, Dangeville cadet, Aubert.
DEUX POLICHINELLES, Meſſieurs Lavigne, Dumay.
SCARAMOUCHETTES, Mademoiſelle Subligny.
Meſdemoiſelles Laferriere, & Guillet.
MARS, Monſieur Thevenard.

Suite de MARS, *joüant du Drapeau.*

Meſſieurs Blondy, Ferrand, Leveſque, Dangeville l'aîné.

PSYCHÉ, TRAGEDIE.

ACTE PREMIER.

Le Théatre represente un agréable Païsage au pied d'une Montagne qui s'éleve jusqu'au Ciel d'un côté. On voit paroître de l'autre côté une Campagne à perte de vûë.

SCENE PREMIERE.

AGLAURE, CIDIPPE.

AGLAURE.

ENfin, ma Sœur, le Ciel est appaisé,
Et le Serpent qui nous rendoit à plaindre,
Va n'être plus à craindre.
Tout, pour le Sacrifice, est icy disposé;
Psyché, pour l'offrir, va s'y rendre.

CIDIPPE.

Les Peuples, d'erreur prevenus,
La nommoient une autre Venus:
Sur la Divinité s'étoit trop entreprendre.

AGLAURE.

Ils s'en sont vûs assez punis,
Par les maux infinis,
Que du Serpent nous a causé là rage.

CIDIPPE.

Ne songeons plus à nos malheurs passez,
Le Serpent en ces lieux, ne fait plus de ravage,
Ce sont des malheurs effacez.

AGLAURE.

Aprés un temps plein d'orages,
Quand le calme est de retour,
Qu'avec plaisir d'un beau jour
On goûte les avantages!

CIDIPPE.

Tout succéde à nos desirs;
Si des rigueurs inhumaines
Nous ont coûté des soûpirs,
On ne connoît les plaisirs
Qu'aprés l'épreuve des peines.

AGLAURE.

Mais, d'où vient qu'avec tant d'attraits,
Psyché n'aima jamais?
Qui brave trop l'Amour doit craindre sa colere.

CIDIPPE

CIDIPPE.

Il est un fatal moment,
Où l'Objet le plus severe
Se rend aux voeux d'un Amant;
Et plus la Belle differe,
Plus elle aime tendrement.

AGLAURE.

Lychas vient à nous.

CIDIPPE.

Son visage
Nous marque une vive douleur,

SCENE SECONDE.

AGLAURE, CIDIPPE, LYCHAS.

LYCHAS.

AH! Princesse!

AGLAURE.

De quel malheur
Ce soûpir est-il le presage?

LYCHAS.

Ignorez-vous encor le destin de Psyché?

CIDIPPE.

Qu'avons-nous à craindre pour elle?

LYCHAS.

La disgrace la plus cruelle,
Dont vous puissiez jamais avoir le cœur touché.

Tandis que chacun en ſoûpire,
Elle ſeule ignore ſon ſort;
Et c'eſt icy qu'on luy va dire,
Que le Ciel irrité la condamne à la mort.

AGLAURE & CIDIPPE.

A la mört! & le Roy n'y mettroit point d'obſtacle?

LYCHAS.

Le Roy d'abord nous a caché l'Oracle;
Mais malgré luy le Grand Preſtre a parlé.
Ah! pourquoy n'a-t'il pû ſe taire?
Voicy ce qu'il a revelé,
Et l'Arreſt qui nous deſeſpere.

Vous allez voir augmenter les malheurs
Qui vous ont coûté tant de pleurs,
Si Pſyché ſur le Mont, pour expier ſon crime,
N'attend que le Serpent la prenne pour victime.

CIDIPPE.

Et Pſyché ne ſçait rien de ce funeſte Arreſt?

LYCHAS

Pour ſe rendre Venus propice,
Elle croit n'avoir intereſt
Qu'à venir en ces lieux offrir un Sacrifice.

AGLAURE.

Voilà l'effet de ce nom de Venus,
On traitoit Pſyché d'Immortelle.

CIDIPPE.

C'eſt de là que nos maux & les ſiens ſont venus:
Qui croiroit que ce fût un crime d'être belle?

AGLAURE & CIDIPPE.

Ah! qu'l eſt dangereux
De trouver un ſort heureux
Dans une injuſte loüange!
En vain on veut ſe flater
Tôt ou tard le Ciel ſe vange,
Quand on oſe l'irriter.

LYCHAS.

Voyez comme chacun, regrettant la Princeſſe,
Abandonne ſon cœur à l'ennuy qui le preſſe.

TOUS TROIS.

Pleurons, pleurons; en de ſi grands malheurs
On ne peut trop verſer de pleurs.

Une Troupe de Perſonnnes déſolées viennent vers la Montagne déplorer la diſgrace de PSYCHÉ. Leurs plaintes ſont exprimées par une Femme, & par deux Hommes affligez, ils ſont ſuivis de ſix Perſonnes qui joüent de la Flûte, & de huit autres qui portent des Flambeaux, ſemblables à ceux dont les Anciens ſe ſervoient dans les Pompes funebres.

PLAINTE ITALIENNE.

FEMME *affligée.*

DEh, piangete al pianto mio,
Saſſi duri, antiche ſelve,
Lagrimate, fonti, e belve,
D'un bel volto il fato rio.

Un HOMME *affligé.*

Ahi dolore!

Autre HOMME *affligé.*

Ahi martire!

Un HOMME *affligé.*

Cruda morte!

Autre HOMME *affligé.*

Empia ſorte.

Tous trois.

Che condanni à morir tanta beltà,
Cieli, ſtele, ahi crudeltà.

FEMME *affligée.*

Riſpondete a miei lamenti,
Antri cavi, aſcoſe rupi;
Deh, ridite, fondi cupi,
Del mio duolo i meſti accenti.

IMITATION EN VERS FRANÇOIS.

FEMME desolée.

Melez vos pleurs avec nos larmes,
Durs Rochers, froides Eaux, & vous Tigres affreux,
Pleurez le destin rigoureux
D'un Objet dont le crime est d'avoir trop de charmes.

Un HOMME affligé.

O Dieux! quelle douleur!

Autre HOMME affligé.

Ah! quel malheur!

Un HOMME affligé.

Rigueur mortelle!

Autre HOMME affligé.

Fatalité cruelle!

Tous trois.

Faut-il, helas!
Qu'un sort barbare
Puisse condamner au trépas
Une Beauté si rare!
Cieux! Astres pleins de dureté!
Ah! quelle cruauté!

FEMME affligée.

Répondez à ma plainte, Echos de ces boccages,
Qu'un bruit lugubre éclatte au fond de ces forêts;
Que les Antres profonds, les Cavernes sauvages
Repetent les accents de mes tristes regrets.

Autre HOMME affligé.

Com'esser può fra voi, o Numi eterni,
Chi voglia estinta una Beltà innocente?
Ahi! che tanto rigor, Cielo inclemente?
Vinci di crudeltà gli stessi inferni.

Un HOMME affligé.

Nume fiero.

Autre HOMME affligé.

Dio severo.

Les deux HOMMES.

Per che tanto rigor
Contro innocente cor?
Ahi! sentenza inudita,
Dar morte à la Beltà, ch'altrui da vita.

Ces plaintes sont entrecoupées icy, par une Entrée de Ballet qui se fait par les huit Personnes qui portent les flambeaux.

Autre HOMME affligé.

Quel de vous, ô grands Dieux! avec tant de furie,
Veut détruire tant de beauté!
Impitoyable Ciel! par cette barbarie,
Voulez-vous surmonter l'Enfer en cruauté?

Un HOMME affligé.

Dieu plein de haine!

Autre HOMME affligé.

Divinité trop inhumaine?

Les deux HOMMES.

Pourquoy ce couroux si puissant
Contre un cœur innocent?
O rigueur inoüie!
Trancher de si beaux jours,
Lorsqu'ils donnent la vie
A tant d'amours?

SCENE TROISIE'ME.

LE ROY, PSYCHE', AGLAURE, CIDIPPE.

AGLAURE.

PSyché vient ; à la voir je tremble.

CIDIPPE.

Quel supplice ?
Le moyen de luy dire adieu !

PSYCHE', à ses Sœurs.

Ainsi pour vous rendre en ce lieu
Vous avez prevenu l'heure du Sacrifice ?

AGLAURE.

Ah ! ma Sœur !

CIDIPPE.

Ah ! ma Sœur !

PSYCHE'.

Quels sont vos déplaisirs ?
Quoy ? dans un jour si remply d'allegresse,
Où du Ciel la colere cesse,
Vous pouvez pousser des soûpirs.

AGLAURE.

Nous plaignons vôtre erreur.

CIDIPPE.

Ah ! trop funestes charmes !

PSYCHÉ.

Dites-moy donc le sujet de vos larmes.

AGLAURE & CIDIPPE.

Quand vous sçaurez ce qui les fait couler....
Adieu, nous n'avons pas la force de parler.

SCENE QUATRIÉME.

LE ROY, PSYCHÉ.

PSYCHÉ.

SEigneur, vous soûpirez vous-même?
Quels que soient mes malheurs, dois-je les ignorer?

LE ROY.

Appren de mes soûpirs mon infortune extrême.
Appren ce que mon cœur tremble à te declarer.
Quand on se voit reduit à perdre ce qu'on aime,
Il est permis de soûpirer.

PSYCHÉ.

Et qui donc perdez-vous?

LE ROY.

Tout ce qu'en ma famille
J'avois de cher, de precieux:
Le barbare decret des Dieux
Nous demande ton sang, il faut mourir, ma Fille,
Il faut, sur ce Rocher, t'exposer au Serpent,
Et lorsque ma douleur, par mes larmes s'exprime,
C'est pour toy, de ces Dieux, déplorable Victime,
Que ma tendresse les répand.

PSYCHE'.

Si par mon ſang leur colere s'appaiſe,
Plaignez-vous une mort qui finit vos malheurs?

LE ROY.

Il ſe peut que ta mort leur plaiſe,
Et tu condamnes mes douleurs!
Ne di point que le Ciel deſormais ſans colere,
Semble adoucir le coup qui me prive de toy.
Quand on voit des malheurs, qui ne ſont que pour ſoy,
Le bien public ne touche guere;
Et ſi l'Oracle doit me plaire,
A me regarder comme Roy,
J'en fremis, j'en tremble d'effroy,
A me regarder comme Pere.

PSYCHE'.

Il faut ſuivre l'ordre des Dieux.

LE ROY.

A des ordres ſi redoutables,
Je ne les connois point, ces Dieux impitoyables,
Qui veulent m'arracher ce que j'aime le mieux.

PSYCHE'.

Par cet emportement n'attirez point leur haine.

LE ROY.

Que peuvent-ils pour augmenter ma peine?
Je ſouffre, en te perdant, tout ce qu'on peut ſouffrir.

PSYCHE'.

Adieu, Seigneur, je vais mourir.

LE ROY.

Tu me quittes?

PSYCHE'.

Je veux vous épargner un crime.

LE ROY.

Quoy? du Serpent tu seras la victime?

PSYCHE'.

Vivez heureux.

LE ROY.

Hé! le puis-je sans toy?

PSYCHE'.

Ne pleurez point ma mort, la cause en est trop belle.

LE ROY.

Tu vas sur le Rocher, Cruelle,
Arrête? que fais-tu?

PSYCHE', montant sur le Rocher.

Je fay ce que je doy.

LE ROY.

Au Monstre, sans trembler, tu te livres toy-même?

PSYCHE', sur le Rocher.

Ma fermeté; quand vous vous allarmez,
Doit vous plaire, si vous m'aimez.

LE ROY.

Et tu peux douter que je t'aime?
Ciel! que vois-je? on l'enleve, & les Vents ennemis,
Pour la conduire au Monstre, ont déployé leurs aîles.
Dieux cruels, qui l'avez permis,
Accablez-vous ainsi ceux qui vous sont fideles?

Quatre ZEPHIRS volent vers PSYCHE', qui est sur la Montagne, & l'enlevent sur le Ceintre.

FIN DU PREMIER ACTE.

ACTE SECOND.

La Scene change, & repreſente un Palais que VULCAIN fait achever par ſes Cyclopes. Sa Forge ſe voit dans le fond, & toute la Décoration eſt embaraſſée d'Enclumes, & de quantité d'autres uſtencilles propres aux Forgerons.

SCENE PREMIERE.

VULCAIN, HUIT CYCLOPES.

VULCAIN.

Cyclopes, achevez ce ſuperbe Palais,
Que tout vôtre art s'épuiſe en cet ouvrage,
Faites-y voir un prompeux aſſemblage,
Des plus rares beautez qui parurent jamais.

Les Cyclopes ſe preparent à travailler, & on entend une Symphonie qui les y excite.

SCENE SECONDE.

ZEPHIRE, VULCAIN.

ZEPHIRE.

PRessez-vous, ce travail que l'Amour vous demande?
Vous hâtez-vous d'accomplir ses desirs?

VULCAIN.

Vous le voyez, Zephire, aussi-tôt qu'il commande,
Obéïr est pour moy le plus grand des plaisirs.

ZEPHIRE.

Psyché merite bien une ardeur si fidele,
En ces lieux, pour l'Amour, j'ay conduit cette Belle:
Et maintenant, sur des gazons voisins,
Un doux sommeil de ses sens est le maître.
J'ay fait naître, au tour d'elle, & Roses & Jasmins,
Qu'elle eût pû sans moy faire naître.

VULCAIN.

C'est donc Psyché pour qui je prepare ces lieux?
L'agréable nouvelle!
C'est Psyché que, malgré le titre d'Immortelle,
Venus ne sçauroit voir que d'un œil envieux!
Allez, je feray de mon mieux,
Et suis ravy de m'employer pour elle.
Venus m'a fait d'étrange tours,
Sur la foy conjugale;
Mais je veux l'en punir en prétant mon secours,
Au triomphe de sa Rivale.

ZEPHIRE.

Faite tout pour l'Amour, & rien contre Venus.
Penser à la vangeance, abus, Vulcain, abus.
Quelques tours que nous fasse une Moitié coquette,
Le meilleur est de n'y jamais songer.
Il est toûjours trop tard de s'en vanger.
L'affaire est faite.
Je retourne à Psyché, que je vais éveiller,
Cyclopes, excitez vos bras à travailler.

Les huit Cyclopes commencent leur Entrée, & continüent à embellir le Palais.

VULCAIN aux Cyclopes.

Dépêchez, preparez ces lieux,
Pour le plus aimable des Dieux:
Que chacun pour luy s'interesse,
N'oubliez rien des soins qu'il faut.
Quand l'Amour presse,
On n'a jamais fait assez-tôt.

L'Amour ne veut pas qu'on differe,
Travaillez, hâtez-vous:
Frappez, redoublez vos coups;
Que l'ardeur de luy plaire
Fasse vos soins les plus doux.

L'Entrée des Cyclopes recommence.

VENUS descend dans son Char.

SCENE TROISIE'ME.

VENUS, VULCAIN.

VENUS.

QUoy ? vous vous employez pour la fiére Psyché ;
Pour une insolente Mortelle ?
Cet indigne travail vous tient donc attaché,
Et l'Epoux de Venus se declare contre elle ?

VULCAIN.

Et depuis quand, s'il vous plaît, vivons-nous
Dans une amitié si parfaite,
Qu'il faille que je m'inquiete
De tout vos caprices jaloux ?
Il vous sied bien de vous mettre en colere :
Lorsque j'étois jaloux avec plus de raison,
Vous en faisiez-vous une affaire ?
Vous l'étes maintenant, & vous trouverez bon
Qu'on ne s'en embarrasse guere.

VENUS.

Ah ! que l'amour est promptement guery,
Quand l'Hymen a reduit deux cœurs sous sa puissance !
Que les duretez de Mary
Aux tendresses d'Amant ont peu de ressemblance !

VULCAIN.

VULCAIN.

Vous connoissez toute la difference
Et de l'Amant & de l'Epoux,
Et nous sçavons lequel des deux chez vous
A merité la preference.
Je ne fais pour Psyché que bâtir un Palais,
Vous êtes encor trop heureuse:
Si j'étois de nature un peu plus amoureuse,
Vous me verriez adorer ses attraits.
La vangeance seroit plus belle,
Mais je suis à ma Forge occupé nuit & jour.
Je n'ay pas le loisir de luy parler d'amour,
Et je me borne à travailler pour elle.

VENUS.

Je sçay que par ces grands aprêts,
C'est à mon Fils que vous cherchez à plaire;
C'est luy, qui le premier, trahit mes interêts,
Il sçaura que je suis sa Mere.

VENUS remonte aux Cieux.

VULCAIN aux Cyclopes.

L'Amour icy nous a mandez exprés,
Achevons, achevons, ce qui nous reste à faire.

VULCAIN, & les Forgerons disparoissent avec la Forge, & l'on voit le Palais dans son entiere perfection; Il est orné de Vases d'or, avec des Amours sur des Piedestaux. Il y a dans le fonds un magnifique Portail, au travers duquel on découvre une Cour ovale percée en plusieurs endroits, sur un Jardin délicieux.

SCENE QUATRIE'ME.

PSYCHE'.

OU ſuis-je? quel ſpectacle eſt offert à mes yeux?
D'un effroyable Monſtre eſt ce icy la demeure?
Eſt-ce dans ces aimables lieux,
Que l'Oracle veut que je meure?
Je reconnois la rigueur de mon ſort,
Lorſqu'avec tant d'excés je m'en vois pourſuivie.
Il veut que cette pompe accompagne ma mort,
Pour me faire à regret abandonner la vie.
Cruelle mort, pourquoy tardez-vous tant?
Que par vôtre lenteur je vous trouve inhumaine!
Venez affreux Serpent, venez finir ma peine,
Vôtre victime vous attend.

On entend une Symphonie.

SCENE CINQUIE'ME.

L'AMOUR, NYMPHES, & ZEPHIRS cachez.

PSYCHE'.

QUels agreables sons ont frappé mes oreilles !

NYMPHE cachée.

Atten encor, Psyché, de plus grandes merveilles.
Tout est, dans ces beaux lieux, soûmis à tes appas.
Pour rendre ton bonheur durable,
Souviens-toy seulement que lorsqu'on est aimable,
C'est un crime de n'aimer pas.

PSYCHE'.

Et qui veut-on me faire aimer?

ZEPHIR caché.

Un Dieu qui se prepare à t'assûrer luy-même
De son amour extrême.

PSYCHE'.

Qui seroit donc ce Dieu que j'aurois scû charmer?

L'AMOUR caché.

C'est moy, Psyché, c'est moy qui me rends à vos charmes.

PSYCHE'.

S'il eſt ainſi, paroiſſez en ce lieu.

L'AMOUR caché.

Le Deſtin vous défend de me voir comme Dieu,
Ou ma perte auſſi-tôt vous coûtera des larmes.

PSYCHE'.

Et le moyen d'aimer ce qu'on ne voit jamais?

L'AMOUR caché.

Pour me montrer à vous, je vay dans ce Palais.
Prendre d'un Mortel la figure.

PSYCHE'.

Ah! venez donc, n'importe ſous quels traits,
Pourvû qu'en vous voyant mon eſprit ſe r'aſſûre.

SCENE SIXIE'ME.

L'AMOUR, ſous la figure d'un jeune Homme.
PSYCHE'.

L'AMOUR.

ET bien, Pſyché, des cruautez du Sort
Avez-vous beaucoup à vous plaindre?
Voicy ce Monſtre affreux, armé pour vôtre mort,
Vous ſentez-vous diſpoſée à le craindre?

PSYCHE'.

Quoy vous êtes le Monstre? & comment à mes yeux
Pourriez-vous être redoutable?
Je sens en vous voyant un desordre agréable,
Qui de mon cœur se rend victorieux.
Il se trouble ce cœur, autrefois si paisible,
Il ne se souvient plus qu'il étoit insensible,
On dit qu'ainsi l'on commence d'aimer.
En parlant de mon cœur mon esprit s'embarasse,
Et je ne connois pas assez ce qui s'y passe,
Pour vous le pouvoir exprimer.

L'AMOUR:

J'éprouve comme vous, un embarras extrême.
De quelle vive ardeur ne suis-je pas touché?
Que de choses à dire! & cependant, Psyché,
Cependant, je ne puis que dire, je vous aime.

PSYCHE'.

Il est donc vray que vous m'aimez?

L'AMOUR.

C'est peu qu'aimer, je vous adore.

PSYCHE'.

Que par ces mots vous me charmez!

L'AMOUR.

Je vous l'ay dit, & vous le dis encore,
Je vous aime, & jamais ne veux aimer que vous.

PSYCHE'.

Je ne puis rien entendre de plus doux.
Quoy? je n'auray point de Rivale?

TOUS DEUX.

Ah! qu'en amour le plaisir est charmant,
Quand la tendresse est égale
Entre l'Amante & l'Amant!

PSYCHE.

Mais me laisserez-vous ignorer qui vous êtes,
Vous qui me promettez de m'aimer à jamais?

L'AMOUR.

C'est à regret que je me tais
Sur la demande que vous me faites.
Mon nom, si vous pouviez une fois le sçavoir,
Vous feroit chercher à me voir,
Et c'est à quoy le Destin met obstacle.
Me voir dans mon eclat c'est me perdre à jamais.
Afin que de nos feux rien ne trouble la paix,
J'ay fait donner le surprenant Oracle,
Qui nous laisse tous deux cachez dans ce Palais.
Vous m'y verrez vous adorer sans cesse,
Sans cesse de mon cœur vous faire un nouveau don.
Pourvû que vous sçachiez l'excés de ma tendresse,
Qu'importe de sçavoir mon nom?
Ce n'est point comme un Dieu que je pretens paroître,
Ce titre ne fait pas aimer plus tendrement,
Je ne veux me faire connoître,
Que sous le nom de vôtre Amant.

Venez voir ce Palais, où pour charmer vôtre ame,
Les plaisirs naîtront tour à tour.
Et vous, Divinitez qui connoissez ma flâme,
Marquez, par vos chansons, le pouvoir de l'Amour.

Trois des NYMPHES qui êtoient cachées, commencent à paroître, & chantent les Vers suivants: Six petits AMOURS & quatre ZEPHIRS expriment par leurs danses la joye qu'ils ont des avantages de l'AMOUR.

Premiere NYMPHE.

Aimable Jeunesse,
Suivez la tendresse,
Joignez aux beaux jours
La douceur des Amours.
C'est pour vous surprendre,
Qu'on vous fait entendre,
Qu'il faut éviter leurs soûpirs,
Et craindre leurs desirs.
Laissez-vous apprendre,
Quels sont leurs plaisirs.

Deuxiéme & Troisiéme NYMPHE.

Chacun est obligé d'aimer
A son tour,
Et plus on a dequoy charmer,
Plus on doit à l'Amour.

Deuxiéme NYMPHE.

Un cœur jeune & tendre
Est fait pour se rendre,
Il n'a point à prendre
De fâcheux détour.

Deuxiéme & Troiſiéme NYMPHE.

Chacun eſt obligé d'aimer
A ſon tour,
Et plus on a dequoy charmer,
Plus on doit à l'Amour.

Troiſiéme NYMPHE.

Pourquoy ſe deffendre ?
Que ſert-il d'attendre ?
Quand on perd un jour,
On le perd ſans retour.

Deuxiéme & Troiſiéme NYMPHE.

Chacun eſt obligé d'aimer,
A ſon tour.
Et plus on a dequoy charmer,
Plus on doit à l'Amour.

Les petits AMOURS continuënt leur Danſe avec les ZEPHIRS.

Premiere NYMPHE.

L'Amour a des charmes,
Rendons-luy les armes,
Ses ſoins & ſes pleurs
Ne ſont pas ſans douceurs ;
Un cœur, pour le ſuivre,
A cent maux ſe livre.
Il faut, pour goûter ſes appas,
Languir juſqu'au trépas,
Mais, ce n'eſt pas vivre,
Que de n'aimer pas.

Fin du Second Acte.

TROISIE'ME ACTE.

Le Théatre represente la Chambre la plus magnifique du Palais de l'Amour. Elle est ornée de Cabinets, de Miroirs, & d'autres Meubles tres-riches ; on voit dans Le fond une Alcove fermée d'un rideau.

SCENE PREMIERE.

VENUS.

Pompe, que ce Palais de tous côtez étale,
Brillant Séjour, que vous blessez mes yeux !
Je ne voy rien, qui ne parle en ces lieux
De la gloire de ma Rivale.
Tant de Divinitez, dont elle a tous les soins,
Et la plus forte complaisance,
Sont autant de honteux témoins,
De son pouvoir, & de mon impuissance.

Que le mépris est rigoureux
A qui se croit digne de plaire !
Un seul Objet, qu'on nous prefere,
Nous fait un destin malheureux.
Que le mépris est rigoureux
A qui se croit digne de plaire !

Déja la nuit chasse le jour !
Qu'il ne revienne point avant que je me vange.
Je sçay l'ordre du Sort ; si Psyché voit l'Amour,
Aussi-tôt sa fortune change.
Cessons de perdre des soûpirs ;
Perdons Psyché, sans que Psyché le sçache,
Elle brûle de voir cet Amant qui se cache,
Il faut contenter ses desirs.

SCENE SECONDE.

VENUS, PSYCHÉ.

PSYCHÉ sans voir VENUS.

QUe fais-tu ? montre-toy, cher Objet de ma flâme,
Vien consoler mon ame.
La beauté de ces lieux est un enchantement,
Tout m'y paroît charmant,
Mais je n'y voy point ce que j'aime.
Ah ! qu'une absence d'un moment,
Quand la tendresse est extrême,
Est un rigoureux tourment !

PSICHE' appercevant VENUS.

Par quel art dans ce lieu, vous rendez-vous visible?
On m'y parle souvent, sans qu'on s'y laisse voir.

VENUS.

Le Dieu, que vos beautez ont rendu si sensible,
Pour vous entretenir, m'a laissé ce pouvoir.
C'est-à moy, Psyché, qu'il ordonne
De garder ce palais, où tout suit vôtre loy.

PSYCHE'.

Nymphe, le croiriez-vous, que luy-même empoisonne
Tous les honneurs que j'en reçoy?
Il refuse toûjours de se montrer à moy,
Dans tout l'éclat qui l'environne,
Et ce refus blesse ma foy.
Je l'aime, & je voudrois pouvoir tout sur son ame.
Je voudrois avoir lieu du moins de m'en flater,
Quand je forme des vœux, qu'il ose rebuter,
Je suis reduite à douter de sa flâme,
Et rien n'est plus cruel pour moy, que d'en douter.

VENUS.

Mais, chaque instant vous marque sa tendresse.

PSYCHE'.

Ah! malgré les soupirs qu'un Amant nous adresse,
Malgré tous les soins qu'il nous rend,
Il ne faut, pour troubler le bonheur le plus grand,
Qu'un peu trop de delicatesse.

Vous n'êtes pas les plus heureux,
Vous, dont l'amour est si pur & si tendre,
Si tout vôtre repos est réduit à dépendre
Du moindre scrupule amoureux :
Vous, dont l'amour est si pur & si tendre,
Vous n'êtes pas les plus heureux !

VENUS.

Que ne m'est-il permis de vous tirer de peine !

PSYCHE'.

Ah ! ne me tenez point plus long-temps incertaine,
Satisfaites mes yeux, vous avez ce pouvoir.

VENUS.

Vous me découvrirez.

PSYCHE'.

Ne craignez rien.

VENUS.

Je n'ose.

PSYCHE'.

Quoy, rien en ma faveur ne vous peut émouvoir ?

VENUS.

Eh bien je vais pour vous, oublier mon devoir.
Entrez, c'est dans ce lieu, que vôtre Amant repose,
Goûtez le plaisir de le voir.
Cette lampe, que je vous laisse,
Peut servir à vous éclairer.

PSICHE'.

Que ne vous dois-je point ?

VENUS.

Il faut me retirer.
Ma presence nuiroit au desir qui vous presse.

SCENE TROISIE'ME.

PSYCHE', L'AMOUR endormy.

PSYCHE'.

A La fin je vais voir mon destin éclaircy,
Je vais voir cet Amant dont mon ame est éprise.

PSYCHE' leve le rideau qui ferme l'Alcove, & on voit l'AMOUR endormy sous la figure d'un Enfant.

Approchons. Dieux! que vois-je icy?
C'est l'Amour: quelle douce & charmante suprise!
C'est l'Amour, qui pour moy, s'est blessé de ses traits.
Maître de l'Univers il vit sous mon empire,
Ce que l'Amour à tous les cœurs inspire,
Il l'a senty pour mes foibles attraits.
Si le plaisir d'aimer est un plaisir extrême,
Quels charmes n'a-t'il pas, quand c'est l'Amour qu'on [aime?
Jamais Amant ne fut si beau,
Si digne de toucher un cœur fidele & tendre.
Et le moyen de se deffendre,
De l'adorer jusqu'au tombeau?
Si le plaisir d'aimer est un plaisir extrême,
Quels charmes n'a-t'il pas, quand c'est l'Amour qu'on [aime?
Mais quel brillant éclat se répand en ce lieu?

L'AMOUR.

Tu m'as vû, c'en est fait, tu vas me perdre, adieu.

Lorsque la lampe étincelle, l'AMOUR s'éveille, & se dérobe, en s'envolant, aux yeux de PSYCHE'. La Decoration change dans le même instant, & ne laisse plus voir qu'un affreux desert.

SCENE QUATRIÉME

PSYCHÉ.

ARrêtez, cher Amant, où fuïez-vous si vîte?
Arrêtez, Amour, arrêtez.
Pouvez-vous me laisser triste, seule, interdite?
Je meurs puisque vous me quittez.
J'ay voulu vous voir, c'est mon crime,
Ma tendresse a causé mon trop d'empressement.
Et ne devoit-il pas paroître legitime
Du moins aux yeux de mon Amant?
Ciel! le funeste excés de mon inquiétude
Occupoit à tel point mon esprit affligé,
Que je ne voyois point ce beau palais changé
En une affreuse solitude.

SCENE CINQUIE'ME.

VENUS, PSYCHE'.

PSYCHE'.

Ah ! Nymphe, venez-vous soûlager mes ennuis ?

VENUS.

Crain tout, ouvre les yeux, & connois qui je suis,
C'est Venus que tu vois.

PSYCHE'.

Dieux ! se pourroit-il faire,
Que Venus, pour me perdre, eût pû se déguiser !

VENUS.

Dans l'ardeur de punir ton orgueil temeraire,
Exprés j'ay voulu t'abuser.
Aprés que, pour flater ta beauté criminelle,
Mes honneurs m'ont été ravis,
Je souffriray qu'une simple Mortelle
Porte ses vœux jusqu'à mon Fils ?

PSYCHE'.

Déesse, suivez moins une aveugle colere.
Voyez pour qui j'ay consenty d'aimer.
L'Amour peut-il chercher à plaire,
Qu'il ne soit sûr aussi-tôt de charmer ?

VENUS.

Non, je te puniray de luy paroître aimable,
Tes charmes l'ont réduit à t'aimer malgré moy,
Et je te tiens seule coupable
Des soûpirs qu'il pousse pour toy.

PSYCHE'.

Vous ne m'écoûtez point, & cependant, Déesse,
Tout ce que je vous dis, vous l'avez trop senty.
Quoy? vous condamnez ma tendresse!
Eh vôtre cœur s'en est-il garanty?
Il a payé ce tribut necessaire.
Le mien est-il si fort qu'il s'en doive exempter?
Si l'Amour sous ses loix a pû ranger sa Mere,
Est-ce à Psyché de resister?

VENUS.

En vain de ton orgueil tu prétends fuïr la peine.
Le Sort te soûmet à ma haine,
Ecoûte, & ne replique pas.
Pour flechir la rigueur, où mon couroux s'obstine,
Vers les rives du Stix il faut tourner tes pas,
Et m'apporter la boëte, où Proserpine
Enferme ce qui peut augmenter ses appas;
C'est l'employ qu'à tes soins ma vangeance destine.

SCENE VI.

SCENE SIXIE'ME.

PSICHE'.

Vous m'abandonnez donc, cruel & cher Amant ?
Venez, venez me traiter de coupable.
Malgré tous les malheurs, dont le destin m'accable,
Vôtre absence est mon seul tourment.
Douces, mais trompeuses Delices!
Deviez-vous commencer & finir en un jour?
A peine ay-je goûté les douceurs de l'Amour,
Que j'en ressens les plus affreux supplices.
Pourquoy chercher le chemin des Enfers?
C'est la mort, c'est la mort qui me le doit apprendre,
Les flots, qu'aux malheureux ce Fleuve tient ouverts,
M'offrent celuy que je dois prendre.

PSYCHE' étant prête à se précipiter dans les flots, le FLEUVE paroît assis sur son Urne environné de roseaux.

SCENE SEPTIE'ME.

LE FLEUVE, PSYCHE'.

LE FLEUVE.

ARrêtez, c'est trop tôt renoncer à l'espoir,
Il faut vivre, l'Amour l'ordonne.

PSYCHE'.

Dites plûtôt que l'Amour m'abandonne,
Quand Venus contre moy fait agir son pouvoir:
A descendre aux Enfers sa haine m'a reduite.

LE FLEUVE.

Ne crain rien, je t'en veux apprendre le chemin.
Viens icy prendre place, & tu seras instruite
Des ordres du Destin.

PSYCHE' va s'asseoir, &c.

FIN DU TROISIE'ME ACTE.

ACTE QUATRIE'ME.

Le Théatre represente une Sale du Palais de PROSERPINE.

SCENE PREMIERE.

PSYCHE'.

AR quels noirs & fâcheux passages
M'a-t'on fait descendre aux Enfers?
Ce ne sont qu'abîmes ouverts
A saisir de frayeur les plus fermes courages.

Ces lieux, qui de la mort sont le triste séjour,
Ne reçoivent jamais le jour,
L'horreur en est extrême.
Mais tout affreux que je les voy,
Qu'ils auroient de charmes pour moy,
Si j'y rencontrois ce que j'aime!

N'y pensons plus, mon bonheur est changé,
J'ay voulu voir l'Amour, & l'Amour s'est vangé.

Vous, que ces demeures affreuſes,
Couvrent d'une éternelle nuit,
Apprenez, Ombres malheureuſes,
Le déplorable état, où le Ciel me reduit.
Du plus heureux deſtin la gloire m'eſt certaine,
Et quand j'en puis joüir, ſans craindre les jaloux,
Un deſir curieux, dont la force m'entraîne,
Me fait perdre l'objet de mes vœux les plus doux.
Parmy tous vos tourments, Ombres, connoiſſez-vous
Un ſupplice égal à ma peine?

On entend une Symphonie violente. Des DEMONS paſſent ſur le Théatre, & commencent à épouvanter PSYCHE'. Ils ſont à l'inſtant ſuivis des trois FURIES.

SCENE SECONDE.

LES TROIS FURIES, PSYCHÉ.

LES TROIS FURIES.

OU penses-tu porter tes pas,
Temeraire Mortelle?
Quel destin parmy nous t'apelle?
Viens-tu nous braver icy bas?

PSYCHÉ.

Un ordre souverain qu'il faut exécuter,
M'oblige à chercher vôtre Reine.
En me la faisant voir, vous finirez ma peine,
Elle voudra bien m'écoûter.

LES TROIS FURIES.

Non, n'atten rien de favorable,
Jamais dans les Enfers on ne fut pitoyable.

PSYCHÉ.

Deux mots, & de ces lieux je suis prête à sortir.
Conduisez-moy vers Proserpine.

UNE FURIE.

Puisqu'à la voir elle s'obstine,
Promtement qu'on l'aille avertir.

LES TROIS FURIES.

Cependant montrons-luy ce que ces lieux terribles,
Ont d'objets plus horribles.

LES DEMONS forment une danse, & montrent à PSYCHE' ce qu'il y a de plus effroyable dans les Enfers.

SCENE TROISIE'ME.

LES TROIS FURIES, DEUX NYMPHES de l'Acheron, PSYCHE'.

LES TROIS FURIES.

VEnez, Nymphes de l'Acheron,
Aidez-nous à punir l'audace criminelle
D'une fiere Mortelle,
Qui vient troubler l'Empire de Pluton.

LES DEUX NYMPHES.

En vain ce soin vous embarasse:
Nous avons l'ordre, allez, & nous quittez la place.

Les trois FURIES sortent.

PSYCHE'.

Que m'eſt-il permis d'eſperer ?
Me fera-t'on enfin conduire à vôtre Reyne ?

Premiere NYMPHE.

Psyché, ceſſez de ſoûpirer,
Si Venus vous pourſuit, on fléchira ſa haine.

PSYCHE'.

Quoy, l'on ſçait dans ce noir ſéjour
A quels maux Venus me deſtine ?

Seconde NYMPHE.

Mercure envoyé par l'Amour,
Vient d'en inſtruire Proſerpine :
Elle ſçait quel preſent Venus attend de vous,
Et pour vous l'apporter, elle ſe ſert de nous.

PSYCHE' arpés avoir pris la Boëte des mains de la NYMPHE.

Ah ! que mes peines ſont charmantes,
Puiſque l'Amour cherche à les ſoûlager !
Dés qu'il veut rendre un mal leger,
Il n'a plus de chaînes peſantes.

Ah ! que mes peines ſont charmantes,
Puiſque l'Amour cherche à les ſoûlager !

LES DEUX NYMPHES.

Mais, de ces lieux par où ſortir?
Tout ce que je vois m'intimide.

Elle montre les Demons qui ſont dans les aîles du Théatre.

LES DEUX NYMPHES.

Perdez l'effroy, dont vos ſens ſont glacez,
Nous allons vous ſervir de guide.
Vous, noirs Eſprits, diſparoiſſez.

Quatre Demons traverſent le Théatre en volant, & vont ſe perdre au travers de la voûte de la Salle de PROSERPINE.

FIN DU QUATRIE'ME ACTE.

ACTE V.

ACTE V.

Le Théatre represente les Jardins de Venus.

SCENE PREMIERE.

PSYCHE'.

I je fais vanité de ma tendresse extrême,
En puis-je trop avoir quand c'est de l'Amour même,
Que mon cœur s'est laissé charmer?
Je sens que rien ne peut ébranler ma constance.
Ah! pourquoy m'obliger d'aimer,
S'il faut aimer sans esperance?
Sans esperance? non c'est offenser l'Amour.
Ce Dieu qui plaint les maux dont je suis poursuivie,
Jusques dans les Enfers a pris soin de ma vie,
Et c'est par luy que je reviens au jour.
Ce sont icy les Jardins de sa Mere,
Peut-être en ce moment il luy parle de moy.
Je puis l'y rencontrer, Pour mériter sa foy,
Cherchons jusqu'au bout à luy plaire.

Si mes ennuis ont pû ternir
Ces attraits dont l'éclat m'a sçû rendre coupable,
Cette Boëte me va fournir,
De quoy paroître encor aimable.
Ouvrons. Quelles promtes vapeurs,
Me font des sens perdre l'usage!
Si la mort finit mes malheurs,
O toy qui de mes vœux reçois le tendre hommage,
Songe, qu'en expirant, c'est pour toy que je meurs.

PSYCHE' tombe sans force sur un gazon, où elle demeure couchée.

SCENE SECONDE.

VENUS, PSYCHE'.

VENUS.

ENfin, insolente Rivale,
Tu reçois ce qu'a merité
L'orgueilleuse temerité
De te croire à Venus égale.
Par l'état déplorable où j'ay reduit ton sort,
Voy ce que mon courroux te laisse encor à craindre.
Si tes malheurs si-tôt finissoient par la mort,
Ton sort ne seroit pas à plaindre.

PSYCHE', couchée sur le gazon.

Pourquoy me r'appeller au jour,
S'il ne m'est pas permis de vivre pour l'Amour?

VENUS.

Quoy? ton orgueil encor jusqu'à mon Fils aspire?
Mon Fils est l'objet de tes vœux,
Et l'obstacle fatal que j'ay mis à tes feux
Ne t'a point affranchie encor de son empire?
Cet amour de ton cœur ne peut être arraché?

PSYCHE' sur le gazon.

Vien, cher Amant, vien revoir ta Psyché.

VENUS.

Les maux, dont tes soûpirs marquent la violence,
A la pitié pour toy devroient s'interesser;
Mais le plaisir de la vangeance
Est trop doux pour y renoncer.

MERCURE descend icy en volant.

SCENE TROISIE'ME.

MERCURE, VENUS.

MERCURE.

VOus croyez trop la jalouse colere
Qui vous anime contre un Fils.

VENUS.

Quoy, Mercure, on n'aura pour moy que du mépris?
Je pourray me vanger, & n'oseray le faire?

MERCURE.

L'Amour eſt venu dans les Cieux,
Jupiter a reçû ſa plainte,
Et n'enviſage qu'avec crainte,
Le deſordre éternel qui menace les Dieux.
Par l'ordre du deſtin, Pſyché vous eſt ſoûmiſe,
Quand vous la pourſuivez, ſon ſort dépend de vous:
Mais, voyez dans cette entrepriſe,
Quels malheurs ont déja ſuivis vôtre courroux.
L'Amour, dont les ennuis n'ont pû toucher vôtre ame,
Empoiſonne les traits dont il perce les cœurs.
Il les ouvre à la haine, aux dédains, aux rigueurs,
Tout languit, & rien ne s'enflâme.
La diſcorde eſt parmy les Dieux,
La paix s'éloigne de la terre,
On ſe haït on ſe fait la guerre.
Ces maux que vous cauſez, vous ſont-ils glorieux?

VENUS.

Ah! qu'on me laiſſe ma colere,
Elle vange un trop juſte ennuy.
L'Amour à l'univers, eſt-il ſi neceſſaire,
Qu'on ne puiſſe être heureux ſans luy?

MERCURE.

S'il eſt quelque bonheur, c'eſt l'Amour qui l'aſſûre,
Tout flate en aimant, tout nous rit:
Otez l'Amour de la nature,
Toute la nature perit.

VENUS.

On veut donc m'obliger à consentir qu'il aime ?

MERCURE.

Jupiter qui paroît, vous le dira luy-même.

JUPITER descend sur son Trône, au milieu de son Palais.

SCENE QUATRIEME.

JUPITER, VENUS, L'AMOUR, MERCURE, PSYCHE'.

JUPITER.

Venus veut-elle resister ?
N'a-t'elle point assez écoûté sa colere,
Et l'amour qui languit, ne peut-il se flater,
Que ses maux toucheront sa Mere ?

VENUS.

Quoy, je souffriray qu'à mon Fils,
Une simple Mortelle aspire ?

JUPITER.

Si tu ne m'en veux point dédire,
Il n'est rien pour Psyché qui ne me soit permis.
Seule, aux yeux de l'Amour, elle est aimable & belle :
Pour l'égaler à luy, je la fais immortelle.

VENUS.

Puisque d'une Immortelle, il doit être l'Epoux,
Jupiter a parlé, je n'ay plus de courroux.

JUPITER.

Vien, Amour, tes soûpirs emportent la victoire.

VENUS.

Psyché, revoy le jour,
On te permet enfin de vivre pour l'Amour.

PSYCHE' se levant.

Vous y consentez? quelle gloire!

JUPITER à PSYCHE'.

Vien prendre place auprés de ton Amant.

PSYCHE' à L'AMOUR.

On me rend donc à vous, ô destin plein de charmes!

L'AMOUR.

O favorable changement!

JUPITER.

Aimez sans trouble & sans allarmes.
Vous, Dieux, accourez tous, & dans cet heureux jour,
Celebrez à l'envy la gloire de l'Amour.

L'AMOUR descend, & va s'asseoir aux pieds de JUPITER. VENUS & PSYCHE' étant enlevées par un nuage, vont se placer aux deux côtez de l'AMOUR, & APOLLON, BACHUS, MOME & MARS descendent dans leurs machines, auprés de leurs Quadrilles. Le Jardin disparoît, & tout le Théatre represente le Ciel.

APOLLON conduit les MUSES & les ARTS ; BACHUS eſt accompagné de SILENE ; de SATIRES & de MENADES ; MOMUS, Dieu de la Raillerie, mene aprés luy une Troupe enjoüée de POLICHINELLES & de MATASSINS ; & MARS paroît à la tête d'une Troupe de GUERRIERS, ſuivis de Tymballes, de Tambours & de Trompettes.

APOLLON.

Uniſſons-nous, Troupe immortelle,
Le Dieu d'Amour devient heureux Amant :
Et Venus a repris ſa douceur naturelle,
En faveur d'un Fils ſi charmant.
Il va goûter en paix, aprés un long tourment,
Une felicité qui doit être éternelle.

CHOEUR DES DIVINITEZ CELESTES.

Celebrons ce grand jour ;
Celebrons tous une fête ſi belle.
Que nos chants en tous lieux, en portent la nouvelle ;
Qu'ils faſſent retentir le celeſte ſejour.
Chantons, repetons tour à tour,
Qu'il n'eſt point d'ame ſi cruelle,
Qui tôt ou tard ne ſe rende à l'Amour.

BACHUS.

Si quelque fois
Suivant nos douces Loix,
La raiſon ſe perd & s'oublie,
Ce que le vin nous cauſe de folie,
Commence & finit en un jour;
Mais quand un cœur eſt enyvré d'Amour,
Souvent c'eſt pour toute la vie.

MOMUS.

Je cherche à médire,
Sur la terre & dans les Cieux;
Je ſoûmets à ma Satyre
Les plus grands des Dieux.
Il n'eſt dans l'univers que l'Amour qui m'étonne,
Il eſt le ſeul que j'épargne aujourd'huy;
Il n'appartieut qu'à luy,
De n'épargner perſonne.

MARS.

Mes plus fiers ennemis, vaincus ou pleins d'éfroy,
Ont vû toûjours ma valeur triomphante,
L'Amour eſt le ſeul qui ſe vante,
D'avoir pû triompher de moy.

Tout

CHOEUR DES DIEUX, où se mêlent les Trompettes & les Tymbales.

Chantons les plaisirs charmants
Des heureux Amants.
Répondez-nous, Trompettes,
Tymbales & Tambours :
Accordez-vous toûjours
Avec le doux son des Musettes,
Accordez-vous toûjours
Avec le doux chant des Amours.

Les ARTS travestis en Bergers galants pour paroître avec plus d'agrément à cette fête, commencent les premiers à danser.

APOLLON.

Le Dieu, qui nous engage
A luy faire la cour,
Deffend qu'on soit trop sage.
Les plaisirs ont leur tour :
C'est leur plus doux usage,
Que de finir les soins du jour ;
La Nuit est le partage
Des Jeux & de l'Amour.

Deux MUSES, qui ont toûjours évité de s'engager sous les Loix de l'AMOUR, conseillent aux Belles, qui n'ont point encore aimé, de s'en deffendre avec soin, à leur exemple.

LES MUSES.

Gardez-vous, Beautez severes,
Les Amours font trop d'affaires,
Craignez toûjours de vous laisser charmer.
Quand il faut que l'on soûpire,
Tout le mal n'est pas de s'enflâmer;
Le martire
De le dire,
Coûte plus cent fois que d'aimer.

LES MŒNADES & les SATYRES dansent.

BACHUS.

Admirons le jus de la Treille:
Qu'il est puissant! qu'il a d'attraits!
Il sert aux douceurs de la paix,
Et dans la guerre il fait merveille:
Mais, sur tout, pour les Amours,
Le vin est d'un grand secours.

SILENE, Nourricier de BACHUS, paroît monté sur son Asne.

SILENE.

Bachus veut que l'on boive à long traits;
On ne se plaint jamais
Sous son heureux empire:
Tout le jour on n'y fait que rire,
Et la nuit on y dort en paix.

Une Troupe de POLICHINELLES & de MATASSINS vient joindre leurs plaisanteries & leurs badinages, aux divertissements de cette grande fête.

MOMUS.

Folâtrons, divertissons-nous,
Raillons, nous ne sçaurions mieux faire,
La raillerie est necessaire
Dans les jeux les plus doux.
Sans la douceur, que l'on goûte à médire,
On trouve peu de plaisirs sans ennuy;
Rien n'est si plaisant que de rire,
Quand on rit aux dépens d'autruy.

MARS.

Laissons en paix toute la terre,
Cherchons de doux amusements;
Parmy les jeux les plus charmants,
Mêlons l'image de la guerre.

Quatre Hommes portants des Enseignes, s'en servent à faire paroître leur adresse en dansant.

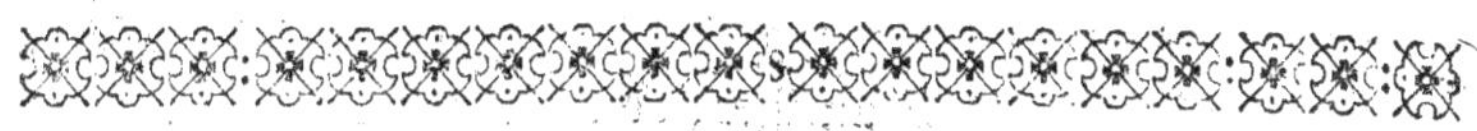

DERNIERE ENTRE'E.

Les quatre Troupes differentes de la Suite d'APOLLON, de BACHUS, de MOMUS & de MARS s'unissent ensemble, & forment la derniere Entrée. Un Chœur de toutes les voix & de tous les instruments, se joint à la danse generale, & termine la fête des Nôces de l'AMOUR & de PSYCHE'.

LE CHOEUR.

CHantons les plaisirs charmants
Des heureux Amants:
Répondez-nous, Trompettes,
Tymbales & Tambours;
Accordez-vous toûjours
Avec le doux son des Musettes;
Accordez-vous toûjours
Avec le doux chant des Amours.

FIN DU CINQUIE'ME ET DERNIER ACTE.

www.ingramcontent.com/pod-product-compliance
Lightning Source LLC
LaVergne TN
LVHW010000230826
846092LV00002B/582